中国名人故居

车吉心/著

AN ALBUM OF THE
FORMER
RESIDENCES
OF CHINESE CELEBRITIES

Che Jixin

山东教育出版社
SHANDONG EDUCATION PRESS

出版说明

1. 《中国名人故居》是记录古今中国名人故居的大型摄影图典，通过图片、文字、编写体例的有机结合，为读者、收藏者营造一个彩色的、具象的、立体的，具有独特文化魅力和艺术魅力的阅读欣赏空间，使读者在轻松愉快的阅读浏览中，在名人故居史迹的倘佯漫步中，寻找中国历史的发展轨迹和不同地域的文化特色，弘扬名人的伟大精神，自觉保护名人故居这一人类宝贵的文化遗产。

2. 名人，乃是对人类福祉有重大贡献，对某一专业领域有重大发现、发明和创造，对社会历史发展产生过积极作用，且为社会公认的著名人物。名人是相对的。由于名人对人类福祉、社会贡献大小不同，其社会地位影响力则不同。名人是动态的、发展的，只要人类社会不断进步，社会名人则永无穷尽。

3. 名人故居，乃是名人出生地或祖籍，且有据可考；名人曾生活、工作过；名人曾在居处取得重大成就或引发重大历史性事件之住所。名人故居有级别之分，本书为保存更多文化遗产，为后人留下更丰富的名人故居资料，对一些地方性的知名人物的故居也作了适当收录。

4. 本书并非中国名人故居全集，仅收录已故名人故居，在世名人故居不予收录。随着新的名人不断涌现，已故名人故居的不断发现和整理，本马将搜集更多资料出版名人故居续集。

5. 原故居因年代久远已毁坏，在原址重建的名人故居亦予以收录，名人故居附有纪念馆的，纪念馆可作为名人故居内容一并收录，没有名人故居的名人纪念馆，则予单独收录。

6. 本书收录的名人按政治、军事、哲学思想、社会科学、自然科学、文学、艺术、经济实业等分类编排，且以名人出生的时间先后为序排列。

7. 全书收录中国名人一千二百余位、故居一千六百余处，共分三十卷本。每篇内容包括名人图像、名人生平、故居照片、文字图片说明组成。

8. 本书图片的文字说明仅供参考，不作为房产权属的依据。

9. 本书在摄制、编辑出版过程中，得到社会许多单位和同仁的鼎力支持和热情帮助，值此谨向他们表示衷心的谢意！由于时间跨度太长，地域涵盖范围太广，由于时间、人力、财力、能力之所限，图片摄制、资料搜集等都有不尽人意甚至错漏之处，敬请读者批评指正。

序 言

名人，著名之闻人也。

名人，或为叱咤风云之豪杰，或为扭转乾坤之斗士，或为改变历史进程之巨匠，或为创造科学奇迹之大师；或为品格，或为勇气，或为智慧；或为战功，或为巨著，或为创造；名人是山峰，名人是旗帜，名人是丰碑，名人是太阳！名人是壮丽的诗篇，名人是永恒的国典！

名人意味着成功。他们都在自己有限的生命中创造出彪炳史册的辉煌和永恒，因之，为后人所敬仰、所赞誉、所感奋。

追寻名人，纪念名人，学习名人，渴望成为名人，渴望像名人那样为着伟大的目标去奋斗去献身去收获成功和喜悦，名人灿若星河，前赴后继，这是历史前进的伟大动力，这是社会成熟的鲜明标记，这是人类发展的巨大希望。

故居，名人故居，名人曾经诞生之家，名人曾经创造伟业之屋，名人制造重大事件之所，名人故居收藏的是主人之情、之血、之魂，承载的是主人的伟大精神、品格和情操，寄托的是主人的坚定理想、信念和希望。名人故居是纪念碑，是教科书，是大学校，是弥足珍贵不可再生的文化遗产。也许它已经辉煌不再，甚至破败不堪；也许它隐身深山陋巷，甚至早为岁月所忘却；也许主人风流早已飘然离去，甚或销声匿迹，但，只要我们屏气驻足他们曾经停留的庭院，曾经走过的厅堂陌巷，名人那恢宏之气势，浩然之精神，不朽之灵魂，依然令人们即刻体悟到主人们昔日在创造辉煌和永恒之时所展示的那荡气回肠、感天动地的欢歌和苦痛。

走进名人故居，我们仿佛又见到了昨日的他们，他们的音容笑貌，他们的举止言谈，他们的杰出贡献，他们的理想、信念、胸怀、情操之圣洁、之伟大、之永恒，怎不令我们后人激动、感奋、振作！

留住名人，留住名人故居，留住名人之精神文化遗产，把昨天之名人传递于明天之后人，这是时不我待的责任。在当今，在全球，每时每刻，每一个角落，爆发的战乱，发生的洪水、火灾、地震、城镇改造、事业发展，致使多少名人故居面目全非，垂垂欲朽，甚至消亡。

故居在呻吟，故居在消失，故居在呼唤！

保护名人故居，抢救名人故居，修复传承名人故居，说教舆论的力量固然是重要而可贵的，但更难能可贵的是行动，行动才是真道理硬道理。同理，以文字的形式描绘记录名人故居之容貌以留后人，固然是可做可贺的，但端起相机走进名人故居亲身亲历，以图片的形式将其本真的面貌传承于后人，不是更真实、更具象、更生动、更完美吗？十年，几十年，上百年，直到更久远，当我们的后来人目睹这完整生动、本真详实的图片史料时，该有怎样的感想呢？我们应像不能渴求我们的前人那样不去渴求我们的后人，但我们应即刻奋起，担当起历史赋予我们的使命，这是理所当然，也是责无旁贷的。

为着留住名人曾经的辉煌，为着留住名人不朽的精神，为着留住名人故居承载着的珍贵遗产，也为着我们的子孙万代，我们应该且必须勇敢地立即承担起这历史之使命——为中国乃至世界那伟大的名人之故居立典！

这是我们的责任，

这是我们的使命！

库吉心

二〇一四年八月十九日

目 录

文学 Literature

刘勰 Liu Xie	1-2	王苹 Wang Ping	2-368
李白 Li Bai	1-18	赵执信 Zhao Zhixin	2-378
杜甫 Du Fu	1-36	周渔璜 Zhou Yuhuang	2-394
司空图 Sikong Tu	1-60	沈德潜 Shen Deqian	2-412
范仲淹 Fan Zhongyan	1-72	曹雪芹 Cao Xueqin	2-420
苏轼 Su Shi	1-92	叶观国 Ye Guanguo	2-442
李清照 Li Qingzhao	1-122	赵翼 Zhao Yi	2-454
朱淑真 Zhu Shuzhen	1-164	李调元 Li Tiaoyuan	2-460
辛弃疾 Xin Qiji	1-170	黄景仁 Huang Jingren	2-482
施耐庵 Shi Naian	1-178	陈端生 Chen Duansheng	2-488
李梦阳 Li Mengyang	1-184	姚莹 Yao Ying	2-496
吴承恩 Wu Chengen	1-188	刘熙载 Liu Xizai	2-500
李开先 Li Kaixian	1-212	吴汝纶 Wu Rulun	2-506
冯惟敏 Feng Weimin	1-218	庞鸿文 Pang Hongwen	2-516
柳敬亭 Liu Jingting	1-226	林鹤年 Lin Henian	2-522
张溥 Zhang Pu	1-232	林纾 Lin Shu	2-528
徐夜 Xu Ye	1-254	陈三立 Chen Sanli	2-540
宋琬 Song Wan	1-262	刘鹗 Liu E	2-554
侯方域 Hou Fangyu	1-272	沈石友 Shen Shiyou	2-570
王士禛 Wang Shizhen	1-296	丘逢甲 Qiu Fengjia	2-576
蒲松龄 Pu Songling	2-332	李伯元 Li Boyuan	2-592
陈宗石 Chen Zongshi	2-362	曾朴 Zeng Pu	2-596

陈去病 Chen Qubing	2-620	李广田 Li Guangtian	4-1180
鲁迅 Lu Xun	2-636	李健吾 Li Jianwu	4-1192
吕美荪 Lü Meisun	2-696	萧军 Xiao Jun	4-1194
苏曼殊 Su Manshu	2-702	吴组缃 Wu Zuxiang	4-1202
夏丏尊 Xia Mianzun	3-710	周立波 Zhou Libo	4-1218
赵太侔 Zhao Taimou	3-718	傅雷 Fu Lei	4-1238
李劼人 Li Jieren	3-726	欧阳山 Ouyang Shan	4-1242
刘半农 Liu Bannong	3-742	柯灵 Ke Ling	4-1248
宋春舫 Song Chunfang	3-758	王度庐 Wang Dulu	4-1254
林语堂 Lin Yutang	3-762	艾青 Ai Qing	4-1260
周瘦鹃 Zhou Shoujuan	3-786	钱锺书 Qian Zhongshu	4-1270
茅盾 Mao Dun	3-788	曹禺 Cao Yu	4-1286
郁达夫 Yu Dafu	3-820	林庚 Lin Geng	4-1306
徐志摩 Xu Zhimo	3-834	萧红 Xiao Hong	4-1312
王统照 Wang Tongzhao	3-856	钱素凡 Qian Sufan	4-1332
苏雪林 Su Xuelin	3-862	朱生豪 Zhu Shenghao	4-1336
田汉 Tian Han	3-882	舒群 Shu Qun	4-1348
朱自清 Zhu Ziqing	3-890	征军 Zheng Jun	4-1352
闻一多 Wen Yiduo	3-920	陈残云 Chen Canyun	4-1360
老舍 Lao She	3-934	杜宣 Du Xuan	4-1364
盛成 Sheng Cheng	3-974	田间 Tian Jian	4-1368
俞平伯 Yu Pingbo	3-982	柳青 Liu Qing	4-1374
冰心 Bing Xin	3-988	吴祖光 Wu Zuguang	4-1378
柔石 Rou Shi	3-1010	林海音 Lin Haiyin	4-1384
石评梅 Shi Pingmei	3-1022	刘知侠 Liu Zhixia	4-1388
阳翰笙 Yang Hansheng	3-1032	秦牧 Qin Mu	4-1394
沈从文 Shen Congwen	4-1048	张爱玲 Zhang Ailing	4-1406
梁实秋 Liang Shiqiu	4-1072	汪曾祺 Wang Zengqi	4-1412
冯雪峰 Feng Xuefeng	4-1084	黄宗江 Huang Zongjiang	4-1416
孔另境 Kong Lingjing	4-1102	舒芜 Shu Wu	4-1422
丁玲 Ding Ling	4-1114	高晓声 Gao Xiaosheng	4-1428
巴金 Ba Jin	4-1126	三毛 San Mao	4-1436
臧克家 Zang Kejia	4-1150		
吴伯箫 Wu Boxiao	4-1162	跋语 Postscript	4-1440
赵树理 Zhao Shuli	4-1166		

车吉心/著

· 文学 ·

1

刘勰
Liu Xie

刘勰（约466~539），字彦和。祖籍东莞莒（今山东省莒县），寄居京口（今江苏省镇江市）。南朝齐梁时期文学理论家、批评家。

据《梁书·刘勰传》记载："勰早孤，笃志好学，家贫不婚娶。"齐武帝永明（483~493）间，跟随佛教徒僧祐住在定林寺，协助僧祐整理佛经。三十岁时，开始写《文心雕龙》，经过五六年的时间才完成。约天监二年（503），起家奉朝请。天监三年，任临川王萧宏记室，掌文书。天监四年，任车骑仓曹参军，管理仓廪。天监六年，任太末（今浙江龙游县）令。天监十年，任仁威将军萧绩记室。天监十三年，任昭明太子萧统东宫通事舍人，管章奏。天监十七年上表，建议二郊农社改用蔬果。是年奉命与慧震共同在定林寺整理佛经。天监十八年，迁步兵校尉，管理东宫警卫工作，继续兼任通事舍人。普通元年（520），在定林寺出家，不久逝世。终年五十六岁左右。

刘勰撰写的《文心雕龙》，是我国现存最早的系统阐述文学理论的专书，全书分上下两编，各包括25篇。该著作在中国古代文学批评和文艺理论的发展史上具有巨大的奠基意义和深远的影响。

位于山东省莒县浮莱山定林寺内的刘勰故居

文学 Literature 刘勰 Liu Xie

中国名人故居 | An Album of the Former Residences of Chinese Celebrities

文学 Literature　　　　刘勰 Liu Xie

文学 Literature　　　＋　　　刘勰 Liu Xie

| 中国名人故居 | An Album of the Former Residences of Chinese Celebrities |

| 文学 Literature | 刘勰 Liu Xie |

李白
Li Bai

　　李白（701~762），字太白，号青莲居士。祖籍陇西成纪（今甘肃省天水市），出生于碎叶城（当时属唐朝领土，今属吉尔吉斯斯坦）。唐朝浪漫主义诗人，被后人誉为"诗仙"。

　　李白4岁随父迁至剑南道绵州。25岁时只身出蜀，漫游四方，南到洞庭湘江，东至吴、越，寓居在安陆、应山。开元二十四年（736）移家任城（山东济宁）。天宝元年（742），因道士吴筠的推荐，被召至长安，供奉翰林，后因不能见容于权贵，在京仅两年半，被"赐金放还"而去，继续漫游四方。762年病逝，享年61岁。

　　李白的乐府、歌行及绝句成就极高。被贺知章称为"谪仙人"，又与杜甫并称为"大李杜"（李商隐与杜牧并称为"小李杜"）。他的诗大多以描写山水和抒发内心的情感为主，既反映了时代的繁荣景象，也揭露了统治阶级的荒淫和腐败，表现出蔑视权贵，反抗传统束缚，追求自由和理想的积极精神。诗的总体风格雄奇奔放，俊逸清新，富有浪漫主义精神，达到了内容与艺术的完美统一。对后代产生了极为深远的影响。中唐的韩愈、孟郊、李贺，宋代的苏轼、陆游、辛弃疾，明清的高启、杨慎、龚自珍等著名诗人，都受到李白诗歌的巨大影响。其存世诗文千余篇，有《李太白集》传世。

文学 Literature　　　　李白 Li Bai

位于四川省江油市青莲镇的李白故居

| 文学 Literature   +   李白 Li Bai

文学 Literature　　　　　李白 Li Bai

文学 Literature   +   李白 Li Bai

中国名人故居 | An Album of the Former Residences of Chinese Celebrities

文学 Literature   李白 Li Bai

文学 Literature　　李白 Li Bai

位于山东省济宁市任城区太白中路的李白纪念馆

文学 Literature 李白 Li Bai

文学 Literature 李白 Li Bai

杜甫
Du Fu

杜甫（712~770），字子美。祖籍襄阳（今湖北省襄樊市），生于河南巩县（今河南省巩义市）。唐代诗人。

杜甫是晋朝名将杜预之后，生于世代奉儒守官的家庭，祖父杜审言是唐初著名诗人，父亲杜闲曾做过奉天县令。他自幼勤奋好学，开元后期，举进士不第，漫游各地。30岁时回到洛阳，筑室偃师，在那里结婚。天宝三年（744），在洛阳与李白相识。"醉眠秋共被，携手日同行"，共同的志趣和爱好使他们成为密友。天宝五年（746）是杜甫人生的一个转折点，这一年他参加了由李林甫操纵的一次考试，落入骗局。其后寓居长安近十年，几次干谒汲引，但都落空。长安十年，历尽艰辛。及安史之乱起，杜甫落入叛军手中，被押解到长安，后逃至凤翔，谒见肃宗，官左拾遗。长安收复后，随肃宗还京，又因营救房琯，贬为华州司功参军（758）。不久弃官往秦州、同谷。又移家成都，筑草堂于浣花溪上，世称浣花草堂。杜甫在成都有一段时间生活相对安定。一度在剑南节度使严武幕中任参谋。后因剑南兵马使反，成都混乱，晚年携家出蜀，住梓州，后漂泊于湖北、湖南各地，大历五年（770），因病去世。

杜甫的诗歌存世一千四百多首。其诗歌广泛深刻地反映了"安史之乱"前后，唐代社会由盛而衰的真实历史面貌。他的诗歌自唐以来，即被公认为"诗史"，诗人本人也被看作一代诗宗，被尊为"诗圣"。

位于河南省巩义市站街镇南瑶湾村的杜甫故居

文学 Literature　　　杜甫 Du Fu

中国名人故居 | An Album of the Former Residences of Chinese Celebrities

文学 Literature　　　　＋　　　　杜甫 Du Fu

文学 Literature 　　　杜甫 Du Fu

位于四川省成都市西门外浣花溪畔的杜甫故居

文学 Literature 　　　　 杜甫 Du Fu

卧 房
Bedroom
침실
寝室

Study

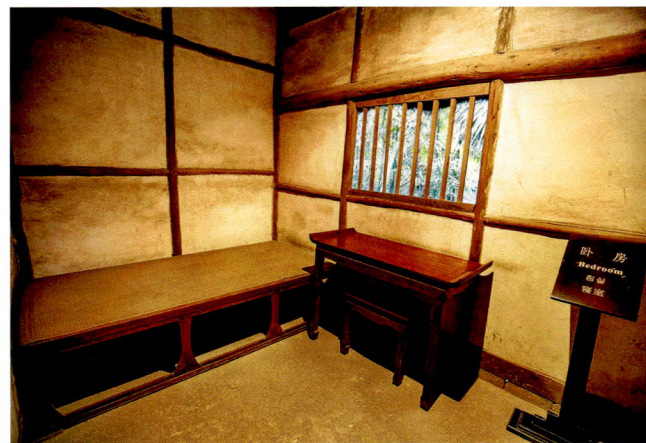

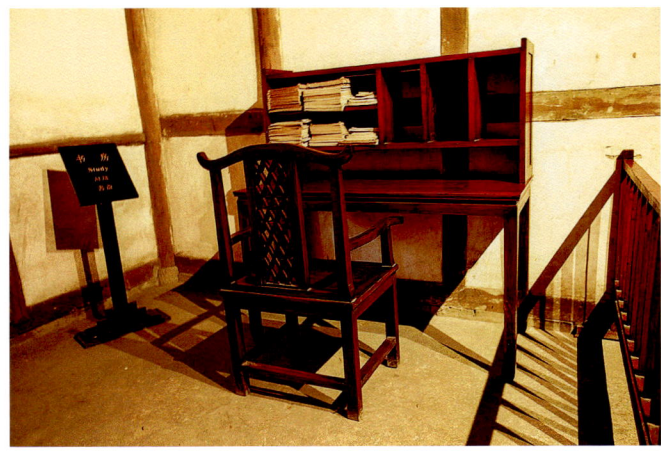

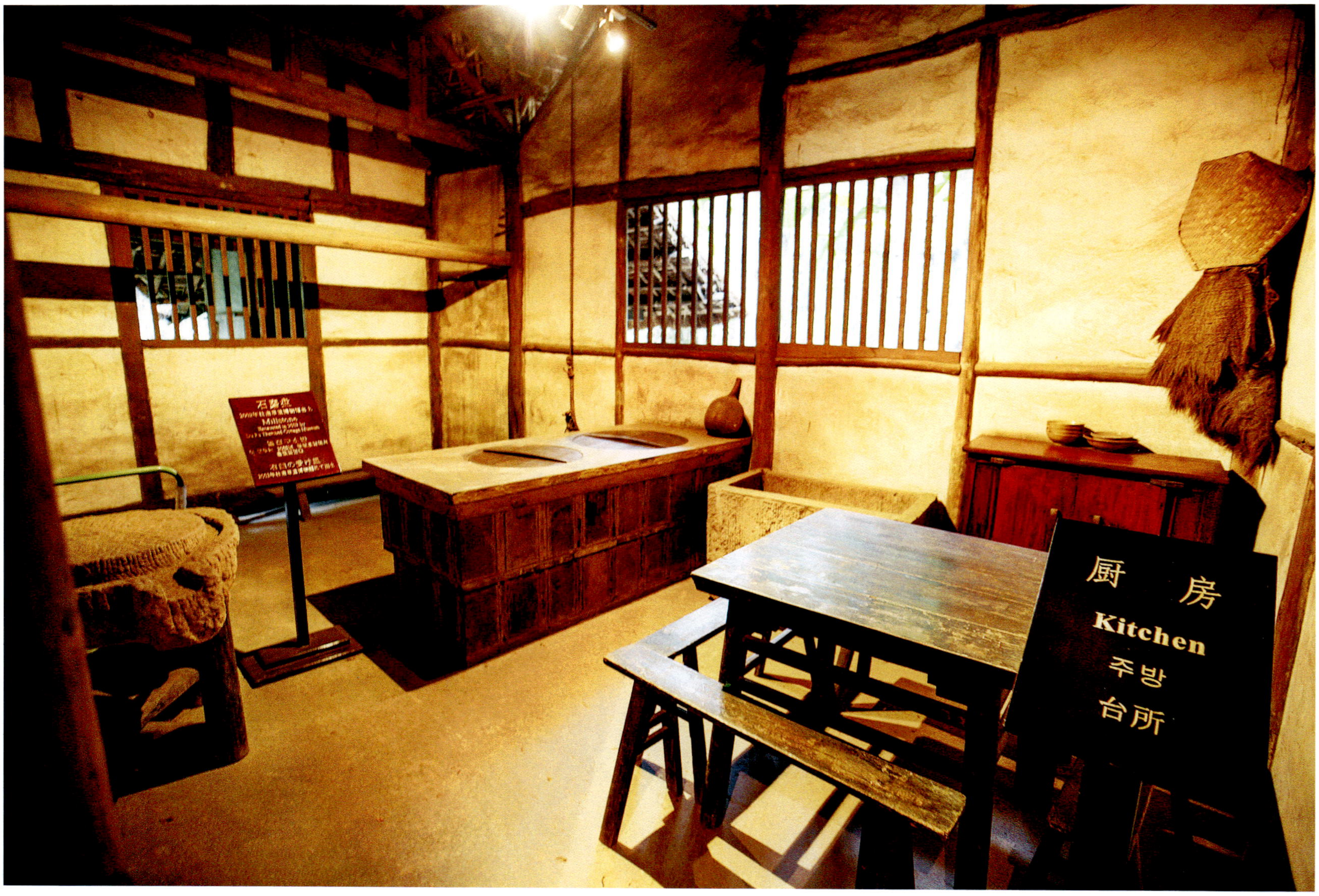
厨 房
Kitchen
주방
台所

文学 Literature　　　杜甫 Du Fu

文学 Literature 　　　 杜甫 Du Fu

中国名人故居 | An Album of the Former Residences of Chinese Celebrities

文学 Literature 杜甫 Du Fu

司空图
Sikong Tu

司空图（837～908），字表圣，自号知非子，又号耐辱居士。祖籍临淮（今安徽省泗县东南），河中虞乡（今山西省永济市）人。晚唐诗人、诗论家。

司空图少有文才，于唐懿宗咸通十年（869）应试，擢进士上第，时年33岁，受到王凝赞许，名声益振。唐僖宗乾符四年（877），王凝出任宣歙观察使，召请他为幕府。第二年，朝廷授司空图殿中侍御史，他因不忍离开王凝，拖延逾期，被左迁为光禄寺主薄，分司东都洛阳。当时卢携罢相，正居于洛阳，对他的才华和为人很爱重，常相往来共游。后来，卢携回朝复相，召司空图为礼部员外郎，寻迁郎中。天复四年（904），朱全忠扶持朝政，迁都洛阳，召司空图为礼部尚书，他佯装老朽不任事，被放还。开平二年（908）卒，终年72岁。

司空图主要成就在诗论，《二十四诗品》为不朽之作。今存《司空表圣诗集》，有《唐诗百名家全集》本、《乾坤正气集》本、《四部丛刊》影唐音统签本，《司空表圣文集》有《四库全书》本、《四部丛刊》影旧钞本。《嘉业堂丛书》本文集与诗集附有缪荃荪等撰校记。《二十四诗品》不载于今存的《司空表圣文集》和《司空表圣诗集》，但收于《全唐诗》，别有单行本多种，通行的有《津逮秘书》本、《学津讨原》本、《说郛》本、《历代诗话》本、《四部备要》本等。

文学 Literature 司空图 Sikong Tu

位于山西省永济市虞乡镇王官谷的司空图故居

中国名人故居 | An Album of the Former Residences of Chinese Celebrities

| 文学 Literature | 司空图 Sikong Tu

范仲淹
Fan Zhongyan

范仲淹（989~1052），字希文。祖籍邠州（今陕西省彬县），后迁居苏州吴县（今江苏省吴县）。北宋著名的政治家、思想家、军事家、文学家、教育家，世称"范文正公"。

范仲淹两岁亡父，母改嫁山东淄州长山县河南村（今邹平县长山镇范公村）朱氏，从其姓，名说。大中祥符八年（1015），中进士，初授广德军司理参军，迎母归养。29岁，复范姓，改名仲淹。后历任大理寺丞、秘阁校理、太常博士、右司谏、枢密副使、参知政事等职，曾出任陕西四路宣抚史，战功显赫，又曾做过泰州、楚州、陈州、睦州、饶州、润州、越州、延州、耀州、彬州、邓州、青州等地方官。他为政清廉，体恤民情，刚直不阿，力主改革，屡遭奸佞诬谤，数度被贬。皇佐四年（1052），病逝于徐州，终年64岁。是年十二月葬于河南洛阳东南万安山，谥文正，封楚国公、魏国公，有《范文正公集》传世，通行有《四部丛刊》影明本，附《年谱》及《言行拾遗事录》等。

范仲淹喜好弹琴，然平日只弹履霜一曲，故时人称之为范履霜。他工于诗词散文，所作的文章富政治内容，文辞秀美，气度豁达。其传世《岳阳楼记》一文中的"先天下人之忧而忧，后天下人之乐而乐"两句，为千古佳句，也是他一生爱国的写照。他倡导的先忧后乐思想和仁人志士节操，是中华文明史上闪灼异彩的精神财富。

位于山东省淄博市博山区秋谷路的范仲淹故居

文学 Literature　　　范仲淹 Fan Zhongyan

文学 Literature 范仲淹 Fan Zhongyan

文学 Literature　　范仲淹 Fan Zhongyan

文学 Literature   范仲淹 Fan Zhongyan

文学 Literature　　范仲淹 Fan Zhongyan

中国名人故居 | An Album of the Former Residences of Chinese Celebrities

文学 Literature | 范仲淹 Fan Zhongyan

中国名人故居 | An Album of the Former Residences of Chinese Celebrities

文学 Literature　　　范仲淹 Fan Zhongyan

苏轼
Su Shi

苏轼（1037～1101），字子瞻、和仲，号东坡居士，世称"苏东坡"。眉州眉山（今四川省眉山市）人。北宋诗人、词人、文学家，是豪放派词人的主要代表之一，"唐宋八大家"之一。

苏轼生于眉州眉山。嘉祐元年（1056），苏轼首次出川赴京，参加科举考试。翌年考得第二。嘉祐六年（1061），应中制科考试，入第三等，授大理评事、签书凤翔府判官。1079年（元丰二年），苏轼到任湖州还不到三个月，就因作诗讽刺新法入狱，史称"乌台诗案"。元丰七年（1084），苏轼离开黄州，奉诏赴汝州就任。建中靖国元年（1101），卒于常州。

苏轼一生仕途坎坷，但他学识渊博，天资极高，诗文书画皆精。其文汪洋恣肆，明白畅达，与欧阳修并称"欧苏"；诗清新豪健，善用夸张、比喻，艺术表现独具风格，与黄庭坚并称"苏黄"；词开豪放一派，对后世有巨大影响，与辛弃疾并称"苏辛"；书法"自出新意、不践古人"，擅长行书、楷书，能自创新意，开创"尚意"书风，用笔丰腴跌宕，有天真烂漫之趣，与黄庭坚、米芾、蔡襄并称"宋四家"，其作《黄州寒食帖》被誉为天下第三行书；在绘画方面擅画枯木竹石，反对程式束缚，重视神似，提倡"士人画"，为后世"文人画"的发展奠定了坚实的基础。

代表作品有《赤壁赋》《后赤壁赋》《题西林壁》《饮湖上初晴后雨》《江城子·乙卯正月二十日夜记梦》《江城子·密州出猎》等。

位于四川省眉山市的三苏祠

文学 Literature　　苏轼 Su Shi

文学 Literature   苏轼 Su Shi

中国名人故居 | An Album of the Former Residences of Chinese Celebrities

文学 Literature   苏轼 Su Shi

中国名人故居 | An Album of the Former Residences of Chinese Celebrities

文学 Literature 苏轼 Su Shi

文学 Literature 苏轼 Su Shi

位于海南省儋州市中和镇的东坡书院

文学 Literature　　　苏轼 Su Shi

中国名人故居 | An Album of the Former Residences of Chinese Celebrities

文学 Literature　　　苏轼 Su Shi

文学 Literature 苏轼 Su Shi

位于浙江省杭州市上城区南山路的苏东坡纪念馆

李清照
Li Qingzhao

　　李清照（1084~1155），号易安居士。山东济南章丘（今山东省章丘市）人。宋代女词人，婉约词派代表，有"千古第一才女"之称。

　　李清照一生经历可以宋室南迁为界，分为前后两个时期。前期，由于家庭的原因，特别是父亲李格非的影响，李清照少年时代便工诗善词。18岁时，李清照与赵明诚结婚。李清照把整个身心都放在文学艺术的深造和金石文字的收集研究上，她同丈夫赵明诚互相砥砺，进行词的创作，技法日臻成熟，生活也十分幸福。后期，公元1127年，北方女真族（金）攻破了汴京，徽宗、钦宗父子被俘，高宗南逃。李清照夫妇也随难民流落江南，四处漂泊。丈夫辞世后，她又改嫁失败，给她带来沉痛的打击和极大的痛苦。她无依无靠，呼告无门，贫困忧苦，流徙飘泊，最后寂寞地死在江南。

　　李清照的文集在当时就曾刻印行世。《直斋书录解题》载《漱玉集》1卷，"别本"分5卷。黄升《花庵词选》称有《漱玉词》3卷。《宋史·艺文志》载有《易安居士文集》7卷、《易安词》6卷，都久已不传。现存诗文集为后人所辑，有《漱玉词》1卷，《漱玉集》5卷。代表作有《声声慢》《一剪梅》《如梦令》《醉花阴》《武陵春》《夏日绝句》等。

位于山东省章丘市百脉泉公园内的李清照故居

文学 Literature　　李清照 Li Qingzhao

| 文学 Literature | 李清照 Li Qingzhao |

文学 Literature   李清照 Li Qingzhao

文学 Literature　　　李清照 Li Qingzhao

文学 Literature   李清照 Li Qingzhao

中国名人故居 | An Album of the Former Residences of Chinese Celebrities

文学 Literature 　　李清照 Li Qingzhao

文学 Literature　　李清照 Li Qingzhao

位于山东省青州市范公亭公园内的李清照纪念祠

文学 Literature   李清照 Li Qingzhao

文学 Literature　　李清照 Li Qingzhao

文学 Literature　　　李清照 Li Qingzhao

位于山东省济南市趵突泉公园内的李清照纪念堂

文学 Literature　　　　李清照 Li Qingzhao

151

文学 Literature　　李清照 Li Qingzhao

文学 Literature   李清照 Li Qingzhao

文学 Literature 李清照 Li Qingzhao

文学 Literature　　　＋　　　李清照 Li Qingzhao

文学 Literature　　李清照 Li Qingzhao

朱淑真
Zhu Shuzhen

　　朱淑真（约1135~约1180），号幽栖居士，祖籍歙州（今安徽歙县），《四库全书》中定其为"浙中海宁人"，一说浙江钱塘（今浙江省杭州市）人。宋代女诗人。

　　生于仕宦之家。夫为文法小吏，因志趣不合，夫妻不睦，终致其抑郁早逝。又传淑真过世后，父母将其生前文稿付之一炬。其余生平不可考，素无定论。现存《断肠诗集》、《断肠词》传世，为劫后余篇。

　　其生平，传世载籍多记载为"自号幽栖居士，祖籍浙江海宁路仲，世居桃村。工诗，嫁为俗吏为妻，不得志殁"。幽栖居士之说，最早见清王士禛《池北偶谈·朱淑真璇玑图记》，学术界已断为伪托；世居桃村，则不详其说从来。此外各项均见宋魏仲恭《断肠集序》，而据集中《春日书怀》"从宦东西不自由，亲帏千里泪长流"可知，其夫亦曾仕宦。因此除钱塘人，出身宦家，生活不幸外，诗人生平今已难详考。生前曾自编诗词集（《写怀二首》"孤窗镇日无聊赖，编辑诗词改抹看"），死后散佚。孝宗淳熙九年（一一八二）宛陵魏仲恭（端礼）辑为《断肠集》十卷，未几钱唐郑元佐为之作注，并增辑后集七卷（一本把第七卷厘为两卷，作八卷）。此外尚有《断肠词》一卷行世。朱淑真诗，以清汪氏艺芸书舍影元抄《新注朱淑真断肠诗集》（藏北京图书馆）为底本。校以民国徐乃昌影元刻本（简称元刻本）、清光绪嘉惠堂刊《武林往哲遗著》本（简称武林本）、清抄本（藏北京图书馆）等。新辑集外诗另编一卷。

位于浙江省海宁市路仲镇西市街的朱淑真故居

辛弃疾
Xin Qiji

辛弃疾（1140~1207），原字坦夫，改字幼安，别号稼轩。历城（今山东省济南市）人。南宋词人。

他出生时家乡已被金人占领，21岁参加耿京领导的抗金起义军，任掌书记，绍兴三十二年（1162）南归，高宗召见，授承务郎，转江阴签判。他不顾官职低微，进《九议》《美芹十论》等奏疏，具体分析南北政治军事形势，提出加强实力、适时进兵、恢复中原、统一中国的大计，均未被采纳。后任司农寺主簿，出知滁州、知江陵府兼湖北安抚使、知隆兴府兼江西安抚使、湖北转运副使、知潭州兼湖南安抚使等，任职期间，都采取积极措施召集流亡壮士，训练军队，奖励耕战，打击豪强以利国便民。后被诬落职，先后在信州上饶、铅山两地闲居近二十年。晚年被起用知绍兴府兼浙东安抚使、知镇江府。在镇江任上，他特别重视伐金的准备工作，但为权相韩侂胄所忌，落职。一生抱负未得伸展，1207年10月3日，终因忧愤而卒。据说他临终时还大呼"杀贼！杀贼"（《康熙济南府志·人物志》）。后赠少师，谥号忠敏。

其词抒写力图恢复国家统一的爱国热情，倾诉壮志难酬的悲愤，对当时执政者的屈辱求和颇多谴责；也有不少吟咏祖国河山的作品。题材广阔又善化用前人典故入词，风格沉雄豪迈又不乏细腻柔媚之处。作品集有《稼轩长短句》，今人辑有《辛稼轩文钞存》。

位于山东省济南市历城区遥墙镇四凤闸村的辛弃疾故居

文学 Literature 辛弃疾 Xin Qiji

文学 Literature　　辛弃疾 Xin Qiji

施耐庵
Shi Naian

施耐庵（约1296~1370），本名施彦端。扬州府兴化白驹场（今江苏省大丰市）人。元末明初文学家、小说家。

施耐庵是孔子七十二子弟之一施之常后裔，唐末施之常后人在苏州为家。其父名为元德，操舟为业，母亲卞氏。自幼聪明好学，才气过人，事亲至孝，为人仗义。19岁中秀才，28岁中举人，36岁与刘伯温同榜中进士。1353年，盐民张士诚起义抗元，邀请施为军幕，后因张居功自傲，愤然离开。施浪迹天涯，漫游山东、河南等地。随后还归白驹，隐居不出，感时政衰败，作《水浒传》寄托心意，又与弟子罗贯中撰写《三国志演义》《三遂平妖传》。他还精于诗曲，但流传极少。除套曲《秋江送别》外，还有如顾逖诗、赠刘亮诗传世。为避明朝征召，潜居淮安，染病而殁，就地高葬，享年75岁。

位于江苏省大丰市白驹镇花家垛的施耐庵纪念馆

文学 Literature　　施耐庵 Shi Naian

文学 Literature　　＋　　施耐庵 Shi Naian

李梦阳
Li Mengyang

　　李梦阳（1473～1530），字献吉，号空同子。祖籍河南省扶沟县大岗，1473年出生于庆阳府安化县（今甘肃省庆城县），后随父还归故里。明代中期文学家。

　　他幼年聪明好学，弘治五年（1492）举陕西乡试第一。次年成进士，授户部主事，迁郎中。因榷关得罪势要，被陷下狱，不久后获释。十八年（1505）进员外郎。应诏上书，极论政治得失。语涉寿宁侯张鹤龄，被诬下锦衣卫狱，不久后宥出，夺俸。明武宗当政后，梦阳代尚书韩文草疏，劾宦官刘瑾等弄权。未竟而事泄，谪山西布政司经历，勒致仕。寻因刘瑾构陷下狱。刘瑾败，起故官，迁江西提学副使。因与总督陈金、御史江万实、淮王朱祐榮、参政吴廷举相恶，被劾，以陵轹同列、挟制上官罪冠带闲住。家居，治园池，招宾客，纵射猎，著诗文，名震海内。宸濠之乱平后，以梦阳曾为之作《阳春书院记》，被劾党逆而遭削籍。嘉靖八年（1529），命吏部起用，已不能赴。次年卒。

　　梦阳工诗文，其诗时有抚时感事、不满弊政之作。著名《乐府古诗》36卷、《空同集》8卷行世。

位于河南省扶沟县崔桥镇曹岗村的李梦阳故居

文学　Literature　　　李梦阳　Li Mengyang

吴承恩
Wu Chengen

吴承恩(1500~约1582),字汝忠,号射阳山人。淮安府山阳县(今江苏省淮安市淮安区)人,祖籍安徽桐城高甸(今枞阳县雨坛乡高甸),以祖先聚居枞阳高甸,故称高甸吴氏。明代杰出的小说家。

吴承恩自幼勤奋好学,一目十行,过目成诵。自喜读稗官野史、志怪小说,"尝爱唐人如牛奇章、段柯古辈所著传记,善模写物情,每欲作一书对之",颇得官府、名流和乡绅的赏识。除勤奋好学外,他还爱看神仙鬼怪、狐妖猴精之类的书籍,如《百怪录》《西阳杂俎》之类。嘉靖八年(1529),吴承恩到淮安知府葛木所创办的龙溪书院读书,得到葛木的赏识。嘉靖二十九年(1550)补得岁贡生,到北京等待分配官职,没有被选上。六年后,由于母老家贫,去做了浙江长兴县丞,常与友人朱曰藩豪饮,寄趣于诗酒之间。50岁左右,他写了《西游记》的前十几回,后来因故中断了多年,直到晚年辞官离任回到故里,才得以最后完成《西游记》的创作,历时7年。晚年以卖文为生,活了大约82岁。

吴承恩一生创作丰富,但是由于家贫,又没有子女,作品多散失。据记载除《西游记》外,还有志怪小说集《禹鼎志》(已失传)。其甥外孙丘度搜集其残存之稿,仅"存十一于千百",编《射阳先生存稿》四卷,包括诗一卷、散文三卷。

位于江苏省淮安市楚州区河下镇打铜巷的吴承恩故居

文学 Literature 吴承恩 Wu Chengen

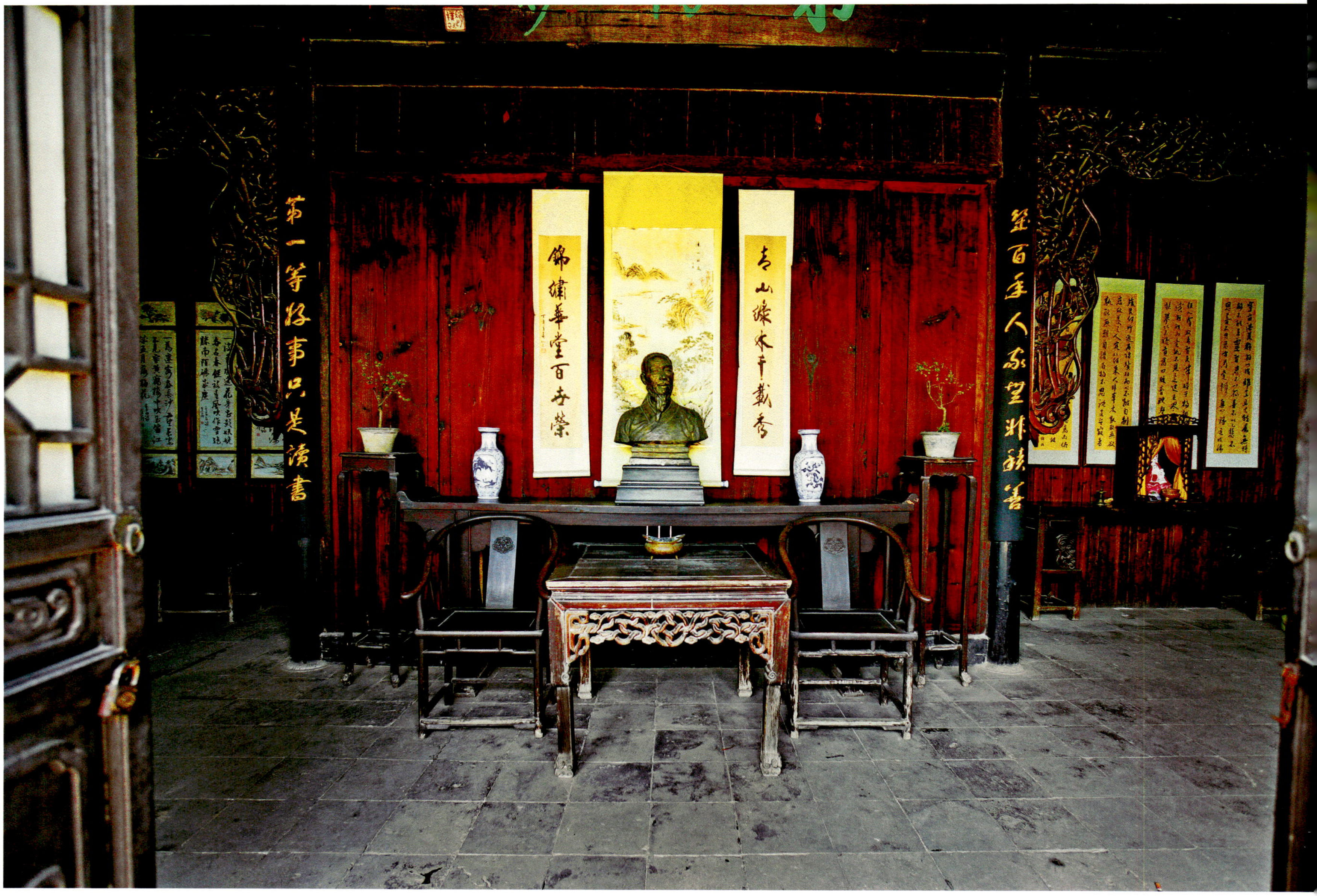
第一等好事只是讀書
錦繡華堂百年榮
青山綠水千載秀
幾百年人家無非積善

千古傳奇

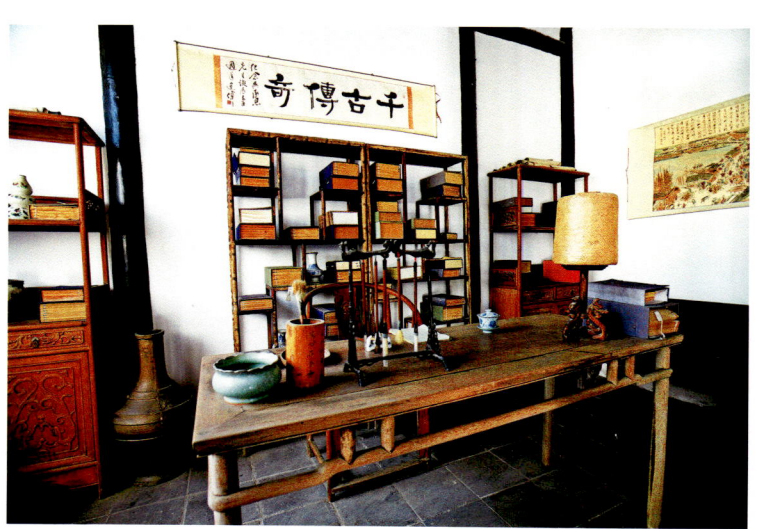

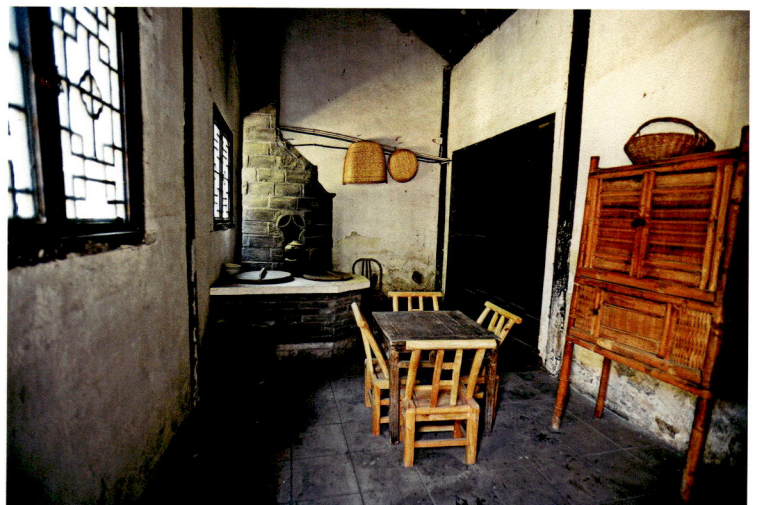

文学 Literature　　　＋　　　吴承恩 Wu Chengen

文学 Literature 吴承恩 Wu Chengen

文学 Literature   吴承恩 Wu Chengen

文学 Literature　　　　吴承恩 Wu Chengen

文学　Literature　　　　吴承恩　Wu Chengen

文学 Literature 吴承恩 Wu Chengen

李开先
Li Kaixian

　　李开先（1502~1568），字伯华，号中麓子、中麓山人及中麓放客。山东济南章丘（今山东省章丘市）人。明代文学家、戏曲作家。

　　李开先自幼聪慧，琴棋书画无所不通，尤醉心于金元散曲及杂剧。嘉靖七年（1528）中举，次年中进士。在户部云南司任主事，先后两次奉命运军饷去宁夏边防。嘉靖十三年，调任徐州监管粮仓。在任上大力整顿粮政。不久，调入吏部。先后任考功司主事、稽勋司员外郎、文选司郎中等职，官制太常寺少卿。嘉靖二十年（1541）夏，为权臣夏言所忌，被削官罢职，放归故里。李开先回乡后，在章丘绿原山与同乡好友结成"词社"，又组织成立"富文堂词会"。嘉靖三十五年（1556），其《闲居集》问世，收录诗词四卷、文章八卷。他还非常推崇民歌，认为"真诗只在民间"，先后编刻《烟霞小稿》《傍妆台小令》等民歌集。

　　李开先一生"三好"：一好戏曲，二好藏书，三好交友。曾改定元人杂剧数百卷，用金元院本形式定成杂剧《园林午梦》等六种，撰有戏曲理论著作《词谑》。其散曲《中麓小令》流传很广。其传奇剧作品以《宝剑记》为代表，是明代中期的三部重要传奇之一。他性好蓄书，藏书甲于齐东，与金陵焦竑称为"南北两大家"。所藏书在明末清初被毛扆"汲古阁"、朱睦楔"万卷堂"、徐乾学"传是楼"所收。

　　李开先在当时文坛上颇受人所重，与王慎中、唐顺之、陈束、赵时春、熊过、任瀚、吕高等号称"嘉靖八才子"。还擅长棋艺，著有《象棋歌》流传至今。

位于山东省章丘市埠村镇东鹅庄村的李开先故居

中国名人故居 | An Album of the Former Residences of Chinese Celebrities

文学 Literature　　　李开先 Li Kaixian

冯惟敏
Feng Weimin

冯惟敏（1511~约1580），字汝行，号海浮，又号石门。山东临朐（今山东省临朐县）人。明代散曲家。

自幼随父宦游南京、平凉、石阡等地。聪颖好学，才华横溢，与兄惟健、惟重及弟惟讷同以诗享名齐鲁间，时称"临朐四冯"。世宗嘉靖十六年（1537），中乡试，累举进士不第，居家25年。后任涞水知县、保定府通判。隆庆五年（1571），任鲁王府审理，辞免未赴任。次年春，弃官回临朐，于海浮山下老龙湾畔建"即江南"亭，因称海浮山人，日与朋辈觞咏其间，致力创作，颐养以终。

其著述有《海浮山堂词稿》《石门集》，主纂嘉靖《临朐县志》、万历《保定通志》等，其中不乏伸张正义、尊重史实的佳作。对后世影响较大者数散曲集《海浮山堂词稿》，其中《农家苦》《忧复雨》《刘麦有感》等，反映了他体察民隐，对农民疾苦的同情。另一些作品，或讽贪、或刺虐、或戳弊、或揭恶，均为警世醒民之作。故王士祯评其散曲"独为杰出"。他的杂剧《僧尼共犯》，通过僧尼私通，后经官府判为夫妻的故事，指出"男女居室，人之大伦""传流后嗣，繁衍至今"，乃天经地义之事，以此向假道学公开宣战。当然，由于他出身于宦门，贵族公子之习难以尽脱，在其著作中，也有一些风花雪月之类的作品。

位于山东省临朐县冶源镇老龙湾风景区内的冯惟敏故居

文学 Literature　　冯惟敏　Feng Weimin

柳敬亭
Liu Jingting

柳敬亭（1587~约1670），原姓曹，名永昌，字葵宇。江苏泰州（今江苏省泰州市）人。明末清初评话艺术家。

柳敬亭生于泰州，幼时犷悍无赖，15岁时强悍不驯，犯法。得泰州府尹李三才为其开脱而流落在外。先后逃亡于泰兴、如皋、盱眙。因听艺人说书，也在市上依稗官小说开讲，居然能倾动市人后渡江南下，变姓柳，改名逢春，号敬亭。康熙元年（1662），柳敬亭于淮南随清漕运总督蔡士英北上至北京，演出于各王府之间，和官僚政客接触频繁，有相当影响。崇祯十三年，到左良玉军中说书，常住武昌，并帮办军务。清兵入关后，替左良玉出使南京和南明王朝权臣马士英、阮大铖疏通关系，南明称他为"柳将军"。清顺治二年（1645），左良玉死，马士英、阮大铖谋捕柳敬亭。柳出逃苏州，重理旧业。以后在扬州、南京、清江浦、常熟等地说了十年书。至顺治十三年春，已69岁高龄，到驻在松江的苏松常镇提督马逢知处任军幕。但郁郁不得志，三年后离开军中。晚年寓居南京，生活穷困，极为凄凉。死后葬于苏州。柳敬亭常说的书目，据有关资料的零星记载，多为长篇中的选段。所据选取之长篇，大致有《水浒》《隋唐》《西汉》。另外，传说柳敬亭还留下《柳下说书》百篇。关于柳的说书技艺，黄宗羲《柳敬亭传》有生动描绘："每发一声，使人闻之，或如刀剑铁骑，飒然净空；或如风号雨泣，鸟悲暮悔。亡国之恨，檀板之声无绝。"

位于江苏省泰州市海陵区南门外东打渔湾的柳敬亭故居

中国名人故居 | An Album of the Former Residences of Chinese Celebrities

文学 Literature　　　柳敬亭 Liu Jingting

文学 Literature 柳敬亭 Liu Jingting

张溥
Zhang Pu

张溥(1602~1641),初字乾度,后字天如,号西铭。太仓直隶(今江苏省苏州市)人。明代文学家。

张溥出身官宦之家,勤奋好学,读书必手抄,抄后读过即焚去,如此反复七遍,冬天手冻裂,以热水浸暖继续再练。后来他把自己的读书室名为"七录斋",自己的著作也题名为《七录斋集》。《明史》记有张溥"七录七焚"的佳话。与同邑张采齐名,时称"娄东二张"。天启四年(1624),与郡中名士结为文社,称为应社,人员有张采、杨廷枢、杨彝、顾梦麟、朱隗、吴昌时等11人,后来遍及全国,超过三千人,平时以文会友,兼评议时政,"一城出观,无不知有复社者"。天启六年(1626),撰写《五人墓碑记》,痛斥阉党。崇祯元年(1628),与张采一起,在太仓发起了驱逐阉党骨干顾秉谦的斗争,所撰散文,脍炙人口,二张名重天下。崇祯二年(1629),组织和领导复社与阉党作斗争,复社声势震动朝野,其影响遍及南北各省,执政巨僚由此颇为忌恨。崇祯三年(1630)张溥和吴伟业、杨廷枢、吴昌时、陈子龙等同时中举,崇祯四年(1631)与吴伟业中进士,改庶吉士。崇祯十年(1637)礼部员外郎吴昌时与张溥一起推举周延儒复出。里人陆文声要求入社被拒,因向朝廷告发张溥等结党,正史《张溥传》和梅村的《复社纪事》说他是病卒于家。计六奇《明季北略》中说张溥被吴昌时下毒,当夜腹部剧痛而死。时年40岁。

在文学方面,张溥推崇前后七子的理论,主张复古,又以"务为有用"相号召。反对公安、竟陵两派逃避现实,只写湖光山色、细闱琐事或追求所谓"幽深孤峭"的风格。但他在提倡兴复古学的同时,又以"务为有用"相号召,与前、后七子单纯追求形式、模拟古人有所区别。一生著作宏丰,编述三千余卷,涉及文、史、经学各个学科,精通诗词,尤擅散文、时论。代表作有《七录斋集》《春秋三书》《五人墓碑记》等。

位于江苏省苏州太仓市城厢镇新华西路的张溥故居

| 中国名人故居 | An Album of the Former Residences of Chinese Celebrities |

文学 Literature　　　張溥 Zhang Pu

文学 Literature　　　＋　　　张溥 Zhang Pu

文学 Literature　　　　张溥 Zhang Pu

文学 Literature | 张溥 Zhang Pu

中国名人故居 | An Album of the Former Residences of Chinese Celebrities

244

文学 Literature　　　张溥 Zhang Pu

文学 Literature   张溥 Zhang Pu

文学 Literature　　　张溥 Zhang Pu

中国名人故居 | An Album of the Former Residences of Chinese Celebrities

文学 Literature   　　　　　　　 张溥 Zhang Pu

徐夜
Xu Ye

徐夜（1612~1684），初名元善，字长公，因慕三国魏文学家嵇叔夜（康）之为人，更名夜，字嵇庵，又字东痴。山东新城（今山东省淄博市桓台县）人。清初诗人。

徐夜出生于一个仕宦家庭。14岁即能做诗，所作《闻歌》，意境悠远，传唱一时。崇祯三年（1630），19岁的徐夜考中庚午科山东乡试副榜，成为贡生。入清后，徐夜仍不忘故国，更名为"夜"，改字为"东痴"，隐居于系水之东。去南京，拜明孝陵；游钱塘，过孤山，访林和靖故居；渡浙江，登严子陵钓台，醉谢皋羽墓。在这次游历中他不但写了一些关于沿途景色的华丽诗篇，也借景抒志，写了诸如《坐放鹤亭》《经严陵钓台》等表达对历史上贤人隐士崇敬、追慕之情的诗作，表达了自己砥行砺节、安贫乐道的情操。此后，朝廷多次笼络，均被他拒绝。康熙二十二年（1683），徐夜的同乡张平澜赴任江西德安县令，约徐夜携诗稿同赴德安，不料，舟过扬子江，将所载诗赋文稿尽掀翻江内，一生心血，付诸东流，徐夜感愤成疾，于次年卒于江西德安，享年73岁。

徐夜的诗作生前未能刊刻。王士禛在徐夜去世十余年后，于康熙三十七年（1698）为他编印《阮亭选徐诗》二卷，此本仅收诗200余首。民国二十三年（1934），桓台县徐氏族人刻印了徐夜诗集，名为《隐君诗集》，共四卷，收诗500余首。《隐君诗集》第一、二卷即是王士禛所编《阮亭选徐诗》的翻刻，第三、四卷是徐氏后人保存的部分徐夜遗诗。清人所编诗歌总集如《国朝山左诗钞》《国朝诗别裁集》等也多选录徐夜诗作。

文学 Literature　　　徐夜 Xu Ye

位于山东省桓台县新城镇的徐夜故居

位于山东省桓台县起凤镇华沟村的徐夜书屋

宋琬
Song Wan

宋琬（1614～1674），字玉叔，号荔裳。莱阳（今山东省莱阳市）人。清初著名诗人，清八大诗家之一。

宋琬出身世代书香名宦之家。高祖宋黻为明代莱阳第一位进士，官至浙江副使。其父宋应亨，天启间进士，历任大名府清丰知县、吏部稽勋司郎中，清兵入关后，死守莱阳抗清，城破殉国。宋琬自幼聪敏好学，才华出众，应试县、府、道皆名列榜首。1635年，以高材充拔贡入京深造，与父宋应亨、兄宋璜一同名噪京华。清顺治三年（1646）乡试亚魁，翌年中进士，授户部河南司主事。后升调吏部稽勋司主事。其廉洁奉公，办事精明。顺治七年（1650）遭逆仆构陷入狱，顺治八年（1651）夏日出狱。出狱后官复原职。顺治十一年（1654）出任陇西右道佥事。到任不久，秦州发生地震，数万百姓无家可归。宋琬一面组织群众重建家园，一面采取措施赈济百姓。因国库空虚，便"出家财，自莱阳邮至以恤其灾"。因其救灾有功，清廷"钦赐蟒服加一级，优升永平副使，管军饷"。顺治十七年（1660），宋琬调任左参政之职，兼分守绍兴。次年春，族子宋奕炳诬告他与义军首领于七通谋，被下诏入狱。全家被抄，其家人也被押送京入狱。两年后，清廷认为"穷治无迹，证虚不当坐"，将其释放。此时宋琬已无家可归，只好漂泊江南，寄人篱下，过着颠沛流离的生活。康熙十一年（1672），宋琬"投牒自讼，冤始尽白"，冤情得以昭雪，再次被清廷启用，授四川按察使。任内兴利除弊，将豪强所占的城中空地和郊外荒田分给难民耕种，使他们得以安居乐业；改革当地陈规陋习，深受百姓爱戴。翌年，宋琬进京述职，适逢吴三桂兵变，他忧愤成疾，病死京都，时年59岁。

宋琬一生著述很多，现在能见到的诗有1333首，词165首，文223篇；此外还有赋2篇，剧本一部，均收在《安雅堂集》里。《安雅堂全集》包括《安雅堂未刻稿》《入蜀集》《二乡亭词》以及杂剧《祭皋陶》等。莱阳市图书馆现存《安雅堂集》16卷，其木刻版尚保藏数百片之多。

位于山东省莱阳市大寺街的宋琬故居

文学 Literature　　　宋琬 Song Wan

文学 Literature 宋琬 Song Wan

中国名人故居 | An Album of the Former Residences of Chinese Celebrities

文学 Literature 宋琬 Song Wan

侯方域
Hou Fangyu

侯方域（1618~1655），字朝宗。归德府（今河南省商丘市）人。明末清初散文家，明末"四公子"之一。

少年即有才名，参加复社，与东南名士交游。侯方域擅长散文，以写作古文雄视当世，与方以智、冒襄、陈贞慧合称"明末四公子"，与魏禧、汪琬合称"清初三大家"。

其文章风采著名于时，史可法给多尔衮的回信《复多尔衮书》即为方域起草（多尔衮致史可法信则是李雯所写）。入清后参加科举，应河南乡试为副贡生。晚年失悔此举，著《壮悔堂文集》明志，顺治十一年十二月十三日（1655年1月30日）病逝。其散文往往能将班、马传记，韩、欧古文和传奇小说手法熔为一炉，形成一种清新奇峭的风格，而尤以传记散文见长。著作有《壮悔堂文集》10卷、《四忆堂诗集》6卷。清初作家孔尚任撰《桃花扇》剧本即是写侯方域与秦淮名妓李香君的爱情故事，反映南明一代兴亡的历史剧。

位于河南省商丘市刘隅首东一街的侯方域故居

中国名人故居 | An Album of the Former Residences of Chinese Celebrities

中国名人故居 | An Album of the Former Residences of Chinese Celebrities

文学 Literature　　　侯方域 Hou Fangyu

文学 Literature　　　侯方域 Hou Fangyu

中国名人故居 | An Album of the Former Residences of Chinese Celebrities

文学 Literature + 侯方域 Hou Fangyu

文学 Literature　　侯方域 Hou Fangyu

文学 Literature　　　侯方域　Hou Fangyu

文学 Literature 侯方域 Hou Fangyu

文学 Literature   侯方域 Hou Fangyu

文学 Literature ＋ 侯方域 Hou Fangyu

文学 Literature　　　侯方域 Hou Fangyu

王士禛
Wang Shizhen

　　王士禛（1634～1711），字子真、贻上，号阮亭，又号渔洋山人，人称王渔洋，谥文简。新城（今山东省桓台县）人，常自称济南人。清初杰出诗人、学者、文学家。

　　王士禛出生在一个世代官宦家庭，祖父王象晋，为明朝布政使。士禛出生于官舍，祖父呼其小名为豫孙。五岁入家塾读书，六七岁时读《诗经》。顺治七年（1650），应童子试，连得县、府、道第一，与大哥王士禄、二哥王士禧、三哥王士祜皆有诗名。顺治十五年（1658）戊戌科进士，文名渐著。顺治十六年（1659），任扬州推官，康熙十七年，受到康熙帝召见，转侍读，入值南书房。升礼部主事，康熙四十三年，官至刑部尚书。不久，因受王五案牵连，被以"瞻徇"罪革职回乡。康熙四十九年，康熙帝眷念旧臣，特诏官复原职，因避雍正讳，改名士正。乾隆赐名士禛，谥文简。康熙五十年（1711）去逝。享年78岁。

　　一生著述达五百余种，作诗四千余首，主要有《渔洋山人精华录》《蚕尾集》；杂俎类笔记《池北偶谈》《香祖笔记》《居易录》《渔洋文略》《渔洋诗集》《带经堂集》《感旧集》《五代诗话》等。

文学 Literature　　　王士禛 Wang Shizhen

位于山东省桓台县新城镇城南村的王士禛故居

文学 Literature   王士禛 Wang Shizhen

文学 Literature   十   王士禛 Wang Shizhen

文学 Literature 　+　 王士禎 Wang Shizhen

文学 Literature　　＋　　王士禛 Wang Shizhen

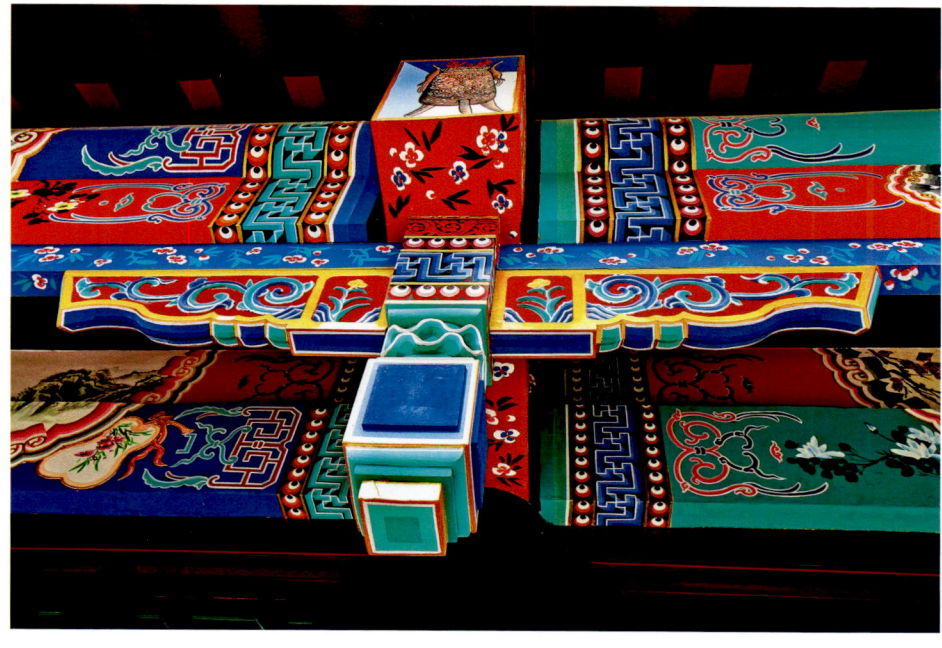

313

文学 Literature　　王士禛 Wang Shizhen

文学 Literature　　王士禛 Wang Shizhen

317

中国名人故居 | An Album of the Former Residences of Chinese Celebrities

文学 Literature　　　王士禛 Wang Shizhen

319

文学 Literature　　　十　　　王士禛 Wang Shizhen

文学 Literature   王士禛 Wang Shizhen

位于山东省济南市秋柳园街的王士禛纪念园

文学 Literature　　　　王士禛 Wang Shizhen

中国名人故居 | An Album of the Former Residences of Chinese Celebrities

文学 Literature　　　王士禛 Wang Shizhen